아버지의 그늘

아버지의 그늘

이명식 시조집

Sijo Poems by Lee Myeong Sik

 동학사

■ 서시
　- 말줄임표

할 말은 많다마는
어딘지 낯이 설어

한참을 망설이다
이래저래 때를 놓쳐

쿡쿡쿡
점만 찍다가
이내 그만 접은 말.

목메어 떨리는 말
끝까지 잇지 못해

대여섯 빈발자국
그래도 알았을까

빙빙빙
입만 놀리다
삭혀버린 그 말을.

2015년
이명식

아버지의 그늘 이명식 시조집

- 서시 5
- 해설 99

01

그럴싸해 • 11
메아리 • 12
산골 다도해 • 13
아침산책 • 14
산에 들에 풀과 나무 • 16
홍시를 따며 • 17
자락에 도는 봄빛 • 18
둘레춤을 추다 • 19
만추 • 20
바위틈을 비집고 • 21
땅 한 번 질러 • 22
산가는 봄빛에 절어 • 23

한뎃잠고집 • 24
여름 한낮 • 25
휘영청 밝은 달밤 • 26
땅속 꿈 • 28
꽃무릇 • 29
어깨봉에 올라 • 30

02

눈석임 • 33

맑은 바람 • 34

열쇠론 • 35

청동종의 울림 • 36

그 집 속 • 37

가을이 깊어지면 • 38

괄호 안에 묶다 • 39

저절로 도리깨침 • 40

강물은 흐른다 • 41

떫음에 대하여 • 42

풍선 • 43

허물을 벗다 • 44

코딱지 그 맛 • 46

양파의 꿈 • 47

지붕에 올라 • 48

물고기 하늘 날다 • 49

소동산방에서 • 50

뙤약볕 단상 • 51

쑤거충이 • 52

03

때 구정물을 게우며 • 57
빈 하늘에 • 58
잠 못 이루는 밤 • 59
물드는 가을 • 60
잔잔한 묵념 • 61
담쟁이 담을 넘다 • 62
달의 산책 • 63
죽성竹聲을 듣다 • 64
우윳빛 달항아리 • 65
점, 꽃으로 • 66
부아 나다 • 67
물결 위를 뛰다 • 68
산에 꽃 • 69
그리워서 • 70
아버지의 그늘 • 71
추어탕 한 그릇 시켜놓고 • 72
초록 물든 마음 • 73
표충사에서 • 74
버섯 따는 철에 • 75

04

석간송石間松 • 79
사이시옷 • 80
수건 걸레로 살다 • 81
고서점에서 • 82
내 인생의 처방전 • 83
명태 • 84
산은 내가 전문 • 85
고추지지대 • 86
가을소식 • 87
도시의 밤거리 • 88
빨간 날 • 89
불 갈이 • 90
뜨끈한 국물 • 91
말없는 동행 • 92
구름다리 • 94
만주를 달리다 • 95
두매한짝 • 96
사매곡思妹曲 • 97

01

그럴싸해 _ 메아리 _ 산골 다 도해 _ 아침산책 _ 산에 들에 풀과 나무 _ 홍시를 따며 _ 자락에 도는 봄빛 _ 둘레춤을 추다 _ 만추 _ 바위틈을 비집고 _ 땅 한 번 질러 _ 산가는 봄빛에 절어 _ 한뎃잠고집 _ 여름 한낮 _ 휘영청 밝은 달밤 _ 땅속 꿈 _ 꽃무릇 _ 어깨봉에 올라

그럴싸해

산에 들에 풀과 나무
네가 있고 내가 있고

햇살도 반가웁고
바람도 고마워라

다함께 더불어 사니
세상맛도 그럴싸해.

때로는 지친 몸을
자연에 내맡기고

욕심도 반을 사려
가벼운 마음일 때

두 손에 잡히는 기쁨
인생사도 그럴싸해.

메아리

오솔길 가다 멈칫
뒤를 돌아보았네

누군가 나를 불러
귀를 쫑긋 세웠더니

내 소리 메아리 되어
나를 찾고 있었네.

산골 다도해

안개에 잠긴 산은
머리만 쭈뼛 섰다

유난히 산이 많고
골 깊은 산간마을

산 아래 다도해 풍경
뱃고동을 울린다.

안개가 짙은 날은
고만한 섬의 향연

산상에 올라서니
발아래 잠든 고요

해日일자 파도가 출렁
숨비소리 거칠다.

아침산책

누군가 토닥토닥
아침을 열고 있다

청아한 그 목소리 마음을 끄는 소리

오늘도
푸른 하늘로
내 사랑을 띄운다.

한걸음 또 한걸음
홀로 가는 아침 길에

달궈 온 간밤 꿈을 하나 둘 풀고 있다

풀잎에
맺힌 이슬도
영롱한 듯 말끔히.

빼곡히 적은 사연
빛바랜 그 인연도

길에다 풀어놓고 한 발로 툭 차본다

머릿속
쩌든 잡념도
상큼하게 개운히.

산에 들에 풀과 나무

내 고향 산에 들에
갖가지 풀과 나무

저마다 의미 있고
나름의 맡은 역할

오늘도
푸나무들과
인생길을 걷는다.

홍시를 따며

잘 익은 홍시 하나 너에게 주고 싶다
홍시가 익은 만큼 달달한 마음으로
네 이름
석 자 위에다
내 마음을 얹는다.

자락에 도는 봄빛

이른 봄 종일토록
봄 햇살 쪼였읍네

양지쪽 언덕으로 앞 다투어 돋는 새싹

그 틈에 성급한 놈들
꽃을 먼저 피웠네.

훈풍이 불어오니
자락에 도는 봄빛

강물도 푸르름을 한바탕 토해놓고

봄꽃들 자지러지게
깔깔대며 웃는다.

둘레춤을 추다

봄바람 자는 날은 꿀벌들 바깥출입
둘레춤 추는 것이 신이라도 난듯하여
사알짝 가슴을 열고 밖을 내다보았네.

따스한 햇살 따라 온 동네 쏘다녔지
저마다 들뜬 사연 흥건히 풀어놓아
그 소문 문틈 비집고 꽃향기를 들였네.

만추
- 모과를 따며

애당초 목과였지 쌀쌀한 바람 불어
나뭇잎 다 떨어내고 한기가 짙어질 때
쿵하니 뚝 떨군 이름 모과라고 부르래.

쌀쌀한 찬 기운이 온몸에 파고들어
귀갓길 나도 몰래 받침이 탈락되어
한참을 혼자 되뇌다 모과라고 하였지.

목과일까 모과일까 한바탕 씨름하다
한그루 나무줄기 충돌을 막으려고
저절로 떨어져나간 모과라고 세운다.

바위틈을 비집고

잡초로 사는 인생 세상을 떠다니다
어디든 뿌리박고 당차게 살아야지
바위틈 비집고 들어
부푼 꿈을 키운다.

바위에 걸터앉아 무슨 생각 깊은 걸까
다리 꼬고 앉은 나무 부처님 닮은 모습
세상사 다 지켜보며
나이테를 긋는다.

땅 한 번 질러

나무를 심으라고 하루를 내어준 날
이 심사 못마땅해 바람만 들쑤시고
그래도 내 몫은 내 몫
몇 그루를 고른다.

어떻게 말을 할지 어디다 손을 댈지
정성을 쏟는 거지 양심을 파는 거지
삽자루 땅 한 번 질러
곧은 심지 놓는다.

산가는 봄빛에 절어

밤마다 눈곱만큼 초록 꿈 늘리더니
봄은 그새 발목까지 하르르 차오르고
재 너머 고향의 소식
한 두 소절 읊는다.

산천의 온갖 기운 흔들어 깨우나니
제몫의 아름다움 한데다 풀어놓고
산가는 봄빛에 절어
체머리를 앓는다.

가풀막 겨울 쩐내 나비질로 휘날리고
꿈속에 아로새긴 당신을 맞을 채비
오늘도 손꼽이치며
터진목을 지킨다.

한뎃잠고집

한겨울 극기 훈련 알몸으로 선 나무들
눈보라 살을 에는 지독한 추위에도
한사코 한뎃잠고집
동장군과 맞선다.

어쩌다 심술바람 겨울나무 꼬드겨도
그 모진 어려움을 눈물로 버틴 집념
이제는 초록의 꿈이
가슴속에 움튼다.

여름 한낮

풍뎅이 등짝으로
마당을 쓰는 한낮

쥘부채 펼쳐드니 가뿐한 바람일고

사랑은
미끄러지듯
맑은 물에 가 닿고.

비 오듯 흘러내린
그리움 절은 한낮

소식이 궁금하여 귀 쫑긋 세웠더니

손에 든
전화기에서
네 소리가 들린다.

휘영청 밝은 달밤

사나흘 비 내린 뒤
휘영청 밝은 달밤

바람 한 번 일라치면
개구리가 먼저 울고

어쩌나 밤은 깊은데
사랑방의 저 그림자.

저마다 한 마디씩
옹골찬 불협화음

가슴깊이 사무치는
그리운 얼굴인데

덩그렁 풍경이 울어
출렁이는 저 달빛.

밤바람 어느 절에

온몸을 감싸오고

짜디짠 한마디로
언약을 다지는데

높이 뜬 하늘의 달이
절 따르라 부르네.

땅속 꿈

지난봄 일찌감치
훈풍이 불어올 때

내 꿈을 아무 몰래
땅속에 숨겨왔지

땅속은 정말로 좋아
꿈을 펴기 그만여.

하지가 코앞이야
이제는 야무진 꿈

숨겨진 사연들이
하나둘 여물을 때

주먹을 불끈 쥐었어
감자들이 줄줄이.

꽃무릇
- 花葉不相見

잎과 꽃 피는 것이 가깝고 먼 이야기
그윽한 그리움에 상상으로 피운 꽃을
수줍음 가슴에 들여
꽃잎들을 달군다.

뜻밖에 꽃대밀고 버젓한 아름다움
온종일 눈에 익은 그대를 모셔다가
짝사랑 花葉不相見
아쉬움을 삭인다.

어깨봉*에 올라

황톳길 돌고 돌아 산상에 가 닿았네
한눈에 감기우는 너른 들 굽은 강물
홀로선 푸른 소나무
한 말씀을 전하려나.

초병은 간데없고 참호만 덩그마니
지칠 줄 그 모르고 등 떠미는 산들바람
나 잠시 세상사 잊고
황톳물에 배이다.

산과 산 어깨동무 이 어이 좋을시고
하늘은 높푸르고 떠가는 흰구름들
오늘은 산상에 누워
나를 돌아 볼까나?

---

* 충북 옥천군 동이면 조령리 금강유원지 인근 옻문화단지의 산봉우리

02

눈 석임 _ 맑은 바람 _ 열쇠론 _ 청동종의 울림 _ 그 집 속 _ 가을이 깊어지면 _ 괄호 안에 묶다 _ 저절로 도리깨침 _ 강물은 흐른다 _ 떫음에 대하여 _ 풍선 _ 허물을 벗다 _ 코딱지 그 맛 _ 양파의 꿈 _ 지붕에 올라 _ 물고기 하늘 날다 _ 소동산방에서 _ 뙤약볕 단상 _ 쑤거충이

눈석임
– 저절로 까매진 얼굴

누구를 기다리다 눈알이 빠질 듯이
어스름에 묻혔다가 한마디 말도 없이
저절로 까매진 얼굴
시골뜨기 내 모습.

봄바람 불어오면 속이 다 뭉그러져
움츠렸던 가슴앓이 저절로 스러짐에
난 이제 할 말을 잃고
네게 몸을 맡길 뿐.

맑은 바람

대밭을 지나서야
덧없이 맑은 바람

숲 속에 들고서야
한없이 이는 고요

마음을 비우고서야
내 비로소 뜨는 눈.

열쇠론
- 봄을 열다

요지부동 엄동설한
꽉 잠긴 내 마음을
따뜻한 말 한마디 너라면 열수 있어
돌리면 풀려나가는
봄을 향한 푸른 꿈.

아무리 어려워도
정성을 다한다면
막혔던 그 이론도 봄눈이 녹아나듯
스스로 빗장을 풀고
속마음을 보이리.
.

청동종의 울림

너 한 번 두들기면
그렇게 맑은소리

고요한 연못 위에
잔물결 퍼지듯이

점점점
깨달음 증폭
내 가슴을 울렸으랴.

너 두 번 두들기면
또다시 푸른 소리

고요한 산천 깨워
푸르른 물들이듯

한바탕
진솔한 운율
온 세상에 퍼졌으랴.

그 집 속

그 집은 밤낮없이
문 굳게 닫아놓고

그 속을 보여주길
꺼리고 있는 건지

혹시나 은둔형 외톨이
인생사를 쓰는가?

내 맘은 궁금하여
자꾸만 찝쩍이고

그 집에 감추어진
속사정 무엇인지

뜬소문 귀동냥으로
점이라도 치는가?

가을이 깊어지면

무릎이 시려오고
바람소리 난다고 해

삐드득 관절마디
기름칠 해야겠어

참 많이 걸어왔구먼
인생이란 이 길을.

괄호 안에 묶다

앞뒤를 비워놓고
괄호 안에 묶은 말씀

그 말이 하고 싶어
사족을 붙인 걸까

괄호 안
그 한 말씀이
촌철살인 이었네.

괄호에 담는 글자
꼭 하고 싶은 말씀

한참을 내려쓰다
맘 담아 짚은 글자

아! 그게
요점 이었어
그 말만은 해야지.

저절로 도리깨침

알밤도 벌었겠다 침 꿀꺽 삼켰을까
밤송이 제 스스로 빗장을 푼다하니
서둘러 헤벌어진다
그 누구도 못 말려.

아무 말 안 하여도 때 되면 오기마련
진득이 기다리면 입안에 고이는 침
저절로 되어가는 일
세상사가 다 그래.

강물은 흐른다

강을 따라 흘러가면 그 누가 알랴마는
촌로가 휘갈겨 쓴 무거운 삶의 이력
오늘도 안간힘 쓰며
여울물을 건넌다.

그만한 긴 세월이 말없이 흘렀으니
너와 나 인연으로 맺어진 깊은 사랑
이제는 누가 뭐래도
깨지지가 않는다.

때로는 삶을 할퀸 크나큰 어긋장도
필요의 악이라고 누구는 말하겠지
강물은 시치미 떼고
굽이굽이 흐른다.

떫음에 대하여

명치끝 아린 것이 뭔 일이 날 것 같다
우수수 쏟아놓은 감똑의 세월 뒤에
가슴에
떫은 물들라
고요함에 젖는다.

끝까지 버텨야해 조금만 더 참아줘
까치가 날아와서 떫은맛 가시걸랑
이때다
맘 풀어놓고
가슴 붉게 울어라.

풍선

바람에 들뜬 나는
가는 줄에 의지했어

허공을 떠다니며
춤사위도 놓았어

모두들
내게 하는 말
헛바람이 들었다나.

그래도 그게 어디야
아이들이 마냥 좋대

가끔은 너무 들떠
툭 터져 버리지만

근본은
떠도는 거라
속상해도 참는 거지.

허물을 벗다

울타리 나뭇가지
걸어놓은 빈껍데기

세월을 불리면서 감당할 수 없는 몸집

남겨 논 비밀의 흔적
궁금증만 더하다.

살면서 언뜻언뜻
옛 생각 떠올릴 제

저절로 일어나는 꺼풀의 가려움증

야박한 세상인심은
잘잘못을 들춘다.

한평생 사는 것이

파충류 닮은 인생

어쩌다 우리사이 틈새가 벌어져도

가끔은 흉허물 덮고
곰살궂게 살란다.

코딱지 그 맛

한때는 그랬었지 코딱지 파먹었지
그러면서 배웠지 인생의 짠맛들을
아직도
옛날 그리워
콧구멍을 후빈다.

양파의 꿈

그물망 그 속에서 삶 하나 피웠구나
까마득히 잊고 보낸 세월이 야속하여
온몸은 쭈그렁텡이
삐쭉 내민 푸른 싹.

칙칙한 암흑에서 무엇을 갈망하다
제 몸이 힘에 부쳐 야윈 줄도 모르면서
기어이 싹을 틔웠어
바라지도 않은 걸.

지붕에 올라

하늘을 담아내는 빼어난 추녀곡선
다정한 너의 얼굴 온기로 감싼 가풍
와당은 한세월동안
가족내력 지킨다.

집안의 웃음소리 서까래에 걸리었고
바람이 다가와서 풍경인양 치고 가면
단아한 예술의 경지
전설로나 내린다.

물고기 하늘 날다

물고기 한 마리가 하늘을 날아가다
어느 집 처마아래 한동안 쉬자는데
뭇바람 가슴을 치니
고요속의 저 울림.

소동산방에서

햇살 한 쪽 얻어다가
움막 짓고 울을 치고

바람을 친구삼아
사는 얘기 주고받고

가진 것 아무 것 없어
허공에다 헛웃음.

구름 한 필 잘라다가
살 가리고 꿈을 엮고

초록을 펼치면서
알콩달콩 날은 가고

별에게 물어나 볼까
그만하면 족한지.

뙤약볕 단상

칠팔월 붉은 정열 내 마음 달아올라
서둘러 마당 가득 만당화 피워놓고
속마음 들추어내니
겉과 속이 하나다.

백여 일 피고 지며 간지럼 타는 마음
아는 듯 모르는 듯 매끈한 사랑 놀음
그대를 향한 내 마음
참사랑을 읊는다.

바람에 흩날릴 듯 삼삼 이는 그리움에
살며시 웃음 짓는 나를 감싼 고운 빛깔
뙤약볕 아랑곳 않는
일편단심 그 마음.

쑤거충이

아버지 안 계시니
소들도 넋을 놓고

온 동네 논밭 갈던
그런 일 손을 놓고

변했어 세상이 너무
빈둥빈둥 빈둥둥.

나도 일 못 하지만
소들도 이젠 달라

먹고 싸고 먹고 싸고
외양간 들어박혀

아무 것 할 줄도 몰라
살만 뒤룩 뒤루룩.

일머리 모르는 게

끈기도 약한 것이

곶감을 빼먹듯이
사료만 축내면서

한마디 하시겠다고
입만 살은 房居蟲.

03

때 구정물을 게우며_빈 하늘에_잠 못 이루는 밤_물드는 가을_잔잔한 묵념_담쟁이 담을 넘다_달의 산책_죽성竹聲을 듣다_우윳빛 달항아리_점, 꽃으로_부아 나다_물결 위를 뛰다_산에 꽃_그리워서_아버지의 그늘_추어탕 한 그릇 시켜놓고_초록 물든 마음_표충사에서_버섯 따는 철에

때 구정물을 게우며

얼룩진 나의 인생 빨래판에 치대면서
시커먼 때 구정물 울컥울컥 게울 적에
허한 속
내 삶의 일지 무엇으로 채울까?

햇볕에 말릴거나 바람을 쏘일거나
구겨진 한평생을 어느 절에 펴오리까
나의 삶
비오는 날에도 손빨래를 하누나.

빈 하늘에

저 하늘 빈칸에다 그리움 그려 넣고
더러는 가슴 저린 인생사 쓰다보면
맘 들뜬 가을바람이
정 한 소절 읊는다.

달 밝은 밤하늘에 내 마음 띄워놓고
걸어온 발걸음을 하나 둘 뇌다보면
남 몰래 멋쩍은 웃음
한 하늘이 열린다.

잠 못 이루는 밤

밤 깊고 달은 밝아
나 홀로 잠 못 이뤄

개구리 질긴 울음
빈 잔에 가득 담아

깊은 밤
거하게 한 잔
이 가슴을 달랜다.

물드는 가을

한때는 말을 섞고 정 듬뿍 나눴건만
이제는 내가 싫대 갈 길이 따로 있대
그래도 돋는 그리움
되새김의 그 이론.

내가 뭘 어쩌겠어 하는 수 없는 게지
먼 산을 바라보고 지난 날 그 언약을
가을은 맘 아픈 계절
울긋불긋 물들다.

잔잔한 묵념

낮달을 끌고 가던 바람도 술렁이고
온종일 사랑으로 붉어진 염원인데
서녘에 잔잔한 묵념
애달음의 저 노을.

땅거미 그물치고 하루를 접는 마음
누구를 벗 삼을까 성급한 삶의 이론
저토록 가슴을 달군
붉은 놀을 어쩌랴.

내 잠시 손을 놓고 그리움 물이 들면
어디서 들려오나 귀 익은 저 목소리
어머니 다정한 미소
감빛으로 어린다.

담쟁이 담을 넘다

담 넘어 너에게로
한 번은 가봐야 해

아직도 못다 풀은
너와의 아린 사연

기필코 넘어야겠어
안간힘을 써본다.

담장에 그려놓은
수묵화 그림 한 폭

바람이 불어와서
날아가 버렸으니

담장에 쓸쓸함 가득
네 흔적만 남았네.

달의 산책

둥근달이 자꾸만 내 뒤를 따라와요
한 걸음 뒤에서 아기별도 따라오고
소슬한 가을바람에
난 옷깃을 여미지요.

내 그림자 한발 앞서 길잡이 하나 봐요
홀로 가는 고향 길 외로울까 동무하고
먼데서 개 짖는 소리
밤이 깊어 가나요.

호수에 담긴 달을 어떻게 낚아볼까
이리저리 궁리하다 내 마음만 빠트리고
또다시 갈 길을 재촉
추억 하나 물고요.

어젯밤 보름달은 정말로 밝더이다
가슴에 저며 오는 그리운 엄마생각
난 꼬박 날밤을 새며
달을 끌고 다녔어요.

죽성竹聲을 듣다

채상彩箱에 담아오는 청아한 대숲소리
방안에 풀어놓고 추억인양 젖어보면
반가운 옛 얼굴들이
맑은 웃음 짓는다.

뒤란의 대나무밭 사시사철 푸르르고
밤마다 밀려드는 환청인양 그 목소리
못다 한 사랑의 맹세
네 이름을 부른다.

우윳빛 달항아리

후덕한 그 인심에 나 홀로 애달프다
하나의 실오라기 걸친 색도 없어라
백자라 청렴결백의
네 모습에 감긴다.

둥글게 말아 올린 우윳빛 그릇모양
애수에 젖은 가을 보름달 떠올리다
뽀얀 살 은은한 미소
내 가슴을 달군다.

둥글게 차오른 달 항아리 닮은 모습
소소한 가을밤에 내 속맘 열어놓고
순백의 달항아리에
그리움을 쟁인다.

점, 꽃으로

봄바람 불어오니 점 하나 펼쳐본다
묘하게 녹아드는 이 밤의 고운 선율
꽃내음 돌담을 돌아
가슴속을 후빈다.

그렇게 봄은 성큼 서둘러 왔나보다
이런 날 너와 둘이 사랑탑 쌓는 거지
온 세상 꽃이란 꽃은
죄다 피워 놓고서.

부아 나다

아이고! 이걸 어째 내 사랑 부아 났네
봄나물 뜯자하니 짠한 게 누나생각
봄바람
살아나라고
풀무질을 해댄다.

물결 위를 뛰다

손안에 딱 잡히는
납작한 돌을 보면

옛날이 그리워져 물팔매 하고 싶어

점점점 번져나가는
물결 위를 뛰고파.

강 건너 사는 네게
내 마음 전해질지

그럴 수 있다면야 쉬지 않고 물팔매를

내 눈에 감기는 물결
너를 향한 그리움.

산에 꽃

말없이 웃고 있는
내 고향 산에 핀 꽃
좀처럼 남의 눈에
띠지 않는 예쁜 산꽃
내 임은
산에서 살고
홀로 꽃을 피운다.

오늘도 꽃을 보러
내 고향 산에 간다
사랑의 발걸음에
놓이는 그리움들
향기는
산에서 나고
꽃은 활짝 웃는다.

그리워서

어느 날 그 아이가 동학사엘 간다기에
한 잠도 못 이루고 가슴에 불을 질러
계룡산 봉우리마다
붉은 천을 둘렀네.

낯선 길 초행길에 그리움 깔아놓고
애타는 속마음을 혹여나 들킬까 봐
산길의 갈나무마다
수줍음을 걸었네.

아버지의 그늘

아버지 펼쳐놓은
한 폭의 그늘 아래

뙤약볕 한여름이
슬며시 들어서면

어디서 불어온 바람
한시름을 놓는다.

땀 가신 나무그늘
쉰 값을 셈하려니

괜찮다 그만둬라
내젓는 아버지 손

어차피 드리운 그늘
우리들이 쉬면 그만.

추어탕 한 그릇 시켜놓고

추억을 그리는 맛 한 그릇 추어탕을
鰍자를 짚어보며 미끌미끌 빠져온 길
한동안
뒷걸음질로
목 메이는 그리움.

초록 물든 마음

라일락 꽃향기를
두 손에 듬뿍 쥐어

첫사랑 그대에게
말없이 보내노라

그대는 이 마음 알까
초록 물든 내 마음.

표충사*에서

올곧은 댓잎바람 옥천골에 피어나다
홀연히 일어나서 나라 위한 일편단심
조국의 백척간두에
이 한 목숨 던지다.

오죽하면 나섰으랴 지부상소 곧은 절개
부귀영화 다 버리고 붓을 꺾은 구국신념
표충사 뒤란에 이는
솔바람을 맞는다.

으름장 놓는 가을 풀벌레도 부풀어져
한가락 읊고 나면 속이 다 후련한데
선생의 힘찬 목소리
나를 불러 세운다.

---

* 충북 옥천군 안남면 도농리에 위치한 임진왜란 때 의병장 중봉 조헌선생의 사당

버섯 따는 철에

어느 날 새아침에
길 없는 길을 간다

청량한 산기운에 심신을 씻기우니

해맑은 여명 한 자락
나의 등에 업힌다.

버섯 따는 아낙네는
어느 골 사람인가

어디서 본 듯하여 아는 체 하였더니

피시식 입술만 살짝
버섯꽃을 피운다.

04

석간송石間松_사이시옷_수건 걸레로 살다_고서점에서_내 인생의 처방전_명태_산은 내가 전문_고추지지대_가을소식_도시의 밤거리_빨간 날_불 갈이_뜨끈한 국물_말없는 동행_구름다리_만주를 달리다_두매한짝_사매곡思妹曲

석간송 石間松
- 푸른 솔 하나 꽂고

높은 산 정상까지 내 마음 끌고 올라
고추선 바위틈에 푸른 솔 하나 꽂고
겨울 해 짧은 아쉬움
선소리를 메긴다.

바람도 낯선 얼굴 한통속 왜장에도
말없는 침묵으로 한없이 비는 마음
온종일 무거운 마음
진눈깨비 내린다.

간신히 뿌리박고 독하게 걸어온 길
이슬과 달빛별빛 언제나 영양결핍
어떻게 버텨왔는지
몽글어진 한평생.

비탈진 인생길에 함께한 너를 생각
자꾸만 서러워서 목청껏 울음 놓고
꼭짓점 푸른 솔처럼
꿋꿋하게 견뎌라.

사이시옷

저마다 나름대로 한 말씀 하겠다고
끝까지 우겨대며 어울리기 어려운 말
말과 말 다치지 않게
사이시옷 끼운다.

낯모르던 사람들이 어느 날 인연되어
이제는 뗄 수 없이 한 몸으로 사는 인생
부부연 덧나지 않게
사이시옷 그 매력.

서로 다른 낱말들이 하나의 말이 될 때
자라 온 낯선 환경 남녀가 부부될 때
두 점이 걸친 경계에
사이시옷 긋는다.

수건 걸레로 살다

애당초 어느 집의
귀중한 존재였지

세월을 닦다보니
헤지고 망가진 몸

그래도 쓸데가 있어
걸레로나 살까나.

궂은 일 마다않고
집안 일 다 하였지

칭찬은 고사하고
언제나 찬밥신세

그래도 야속타 않고
묵묵하게 살았지.

고서점에서

구석진 책장에서 책 한 권 빼어내어
흩어진 닿소리를 홀소리에 얹어본다
비로소
꿈틀거리는
눈에 익은 글자들.

너무나 오랜 세월 부화를 꿈꾼 글자
애달픈 가슴에다 획 하나 그어본다
그제야
귀에 와 닿는
선인들의 한 말씀.

내 인생의 처방전

처방전 하나 들고 약방에 들어서니
내 병이 무엇인지 단번에 꿰뚫고는
아저씨 조심하세요
술과 담배 끊으세요.

색색의 알약들을 한 움큼 쥐어주며
자꾸만 안쓰러운 듯 어느덧 진지하게
날마다 거르지 말고
꼬박꼬박 챙기세요.

한창땐 몰랐었지 언제나 당당했지
어느 날 여기저기 내 몸의 아린상처
다 늦게 깨달음 하나
내 인생의 처방전.

명태
– 속을 풀며

할 말을 하다가 만 그러한 입을 하고
물기 핏기 다 말리어 파리한 몸을 하고
할 말은 해야겠다며
매를 청한 고집통.

얼었다 녹았다가 한겨울 피 말리고
세상을 떠돌다가 죽도록 얻어맞고
그래도 죽기 살기로
쓰린 속을 풀었다.

산은 내가 전문

어디를 가려는지
작심을 했나 봐요

느슨한 끈을 당겨
단단히 조여매고

땅 한번 내디뎌보며
내가 먼저 서둔다.

여느 날 같았으면
구두에 밀렸을 터

척박한 길도 좋아
답답한 건 못 참겠어

아니지 산은 내가 전문
나를 따라 나서 봐.

고추지지대

날씬한 그대 몸에
내 마음 매어놓고

바람 불면 날아갈까
자꾸만 저리는 맘

견뎌라 끝까지 버텨
매운맛을 보여줘.

가을소식

우표도 한 장 없이 이렇단 말도 없이
참으로 먼먼 길을 단숨에 달려왔네
나뭇잎
누렇고 붉은
힘에 겨운 문자로.

눈부신 저녁햇살 억새춤 흥에 만발
읽다만 미납편지 가슴이 뜨거웠네
소식도
쓸쓸한 하루
바람맞은 춤으로.

도시의 밤거리

도시의 밤거리는 찬란한 음기발광
어디를 쏘다니다 처박힌 무딘 걸음
그럴 싸 헛웃음 난무
한 하늘을 보았지.

그 밝던 은하수길 헤지고 찌든 웃음
별꽃이 다 떨어져 뒹구는 번화가에
왜인지 그대를 찾아
밤거리를 달궜지.

휘황한 불빛들의 유치한 놀음이다
발가벗은 양심들아 그만 좀 다그쳐라
엉뚱한 이론들만이
밤거리를 휩쓴다.

빨간 날

늦잠 자도 말은 안 해
평소와 사뭇 달라

가족들 오랜만에 온종일 같이했어

그래도 어디로 훌쩍
떠나가고 싶었어.

불 갈이

언제쯤 불 갈이를 하여야 되는 걸까
긴 밤을 돌봐오며 불 조절 지새운 밤
연탄불 꺼치지 마라
맴맴 도는 그 말씀.

자다가 깨다가를 수없이 해대면서
하룻밤 보내기에 나 홀로 서글퍼도
연탄불 지키는 마음
가족들의 깊은 밤.

뜨끈한 국물

그 누굴 안주삼아 밤새워 들이켰네
그래도 안 풀린 맘 밤거리 쏘다니다
신새벽 뜨끈한 국물
쓰린 속을 풀었네.

그렇지 이제야 좀 살 것만 같아졌어
그 누가 뭐라 해도 이 맛이 으뜸이지

된장을 풀어놓은 국
腸을 달랜 저 국물.

말없는 동행

앞 못 보는 내 마음이
점자불럭 밟고 간다

정해진 길을 따라 네 마음에 가 닿으면

그곳엔 향기가 가득
낙원인 듯 꿈인 듯.

따스한 너의 손길
나를 잡고 걷는 걸음

때로는 힘들 텐데 내색 하나 하지 않고

어쩌면 한없는 정성
아낌없이 쏟을까?

앞 못 보는 내 마음이

오히려 다행인 건

따스한 너를 만나 점자 길이 설레이고

가는 길 내 인생길
동행이라 좋구나.

구름다리

산상에 걸쳐놓은 구름을 밟고 간다
발아래 펼쳐지는 인간들 헛된 욕망
그때는 나도 그랬지
뜬구름만 잡고서.

바람이 비켜설 땐 꽃구름 이었는데
그 누가 시샘하나 산산이 깨어진 꿈
그래도 한땐 좋았어
깨달음을 얻었지.

만주를 달리다

백두산 하늘 못에
단숨에 올라서니
저 너른 만주벌판
발아래 펼쳐지다
오호라 가슴이 뭉클
깨어나는 대장부 혼.

두만강 압록강변
물길 따라 산길 따라
지나온 옛이야기
되뇌는 깊은 심연
말울음 침묵을 깨워
내 근본을 밝히다.

답사길 힘찬 기상
온몸에 안기우고
조국 위해 흘린 피땀
눈시울을 붉히나니
산천을 떠도는 혼령
옷소매를 잡는다.

두매한짝

내 인생
걸어온 길
인고의 세월들을
지그시 눈을 감고
한 줄에 풀어보니
짧고 긴
다섯 손가락
마디마디 아린 정.

불현 듯
스쳐가는
지나간 숱한 사연
가슴에 손을 얹고
잘잘못 따져보니
자꾸만
손곱이치는
물레걸음 그 추억.

사매곡 思妹曲
― 빛바랜 인연

우수절 개구리들 슬프다 목을 놓고
먼 길을 떠나면서 한마디 없었지만
누나야 사랑해줘서 너무나도 고마워.

언제나 가족걱정 애달음 가득한 눈
떠나는 그날에는 봄비도 구슬픈데
누나야 날 믿어줘서 무엇보다 좋았어.

우리의 큰 인연이 짧아서 아쉽지만
누구나 언젠가는 헤어지기 마련이니
누나야 너무 섧다말고 웃으면서 가다오.

그곳은 어떠한지 내 짐작 안가지만
이승의 힘든 여정 홀가분히 내려놓고
누나야 맘 편안하게 못다 한 정 펴다오.

해설

새로운 전원시의 모색

■ 작품 해설

새로운 전원시의 모색

이우걸(시조시인)

　이명식 시인의 『아버지의 그늘』은 편하게 읽히는 시조집이다. 그리고 정원에서 풍기는 숲의 향기, 잎의 향기, 꽃의 향기를 느낀다. 숨 막히는 양육강식의 전장에서 돌아온 투우사 같은 이 시대의 생활인들이 쉽게 얻을 수 없는 웰빙의 분위기, 그 치유의 분위기가 이 시조집에 담겨 있다. 그래서 읽는 이의 마음을 편하게 한다. 우리가 사는 세상을 저주하게 하지 않는다. 왜 그렇게 느끼게 되는가? 아니 무엇을 어떻게 노래하기 때문일까? 그 비밀을 캐기 위해 이 시조집의 숲을 산보하는 것이 해설의 목표라고 할 수 있다.

　이 시인의 시적 특성을 찾아내기 위해 다음과 같은 작품을 읽어보자.

저 하늘 빈칸에다 그리움 그려 넣고
더러는 가슴 저린 인생사 쓰다보면
맘 들뜬 가을바람이
정 한 소절 읊는다.

달 밝은 밤하늘에 내 마음 띄워놓고
걸어온 발걸음을 하나 둘 뇌다보면
남 몰래 멋쩍은 웃음
한 하늘이 열린다.

- ①「빈 하늘에」전문

대밭을 지나서야
덧없이 맑은 바람

숲 속에 들고서야
한없이 이는 고요

마음을 비우고서야
내 비로소 뜨는 눈.

- ②「맑은 바람」전문

알밤도 벌었겠다 침 꿀꺽 삼켰을까
밤송이 제 스스로 빗장을 푼다하니

서둘러 헤벌어진다

그 누구도 못 말려.

아무 말 안 하여도 때 되면 오기마련

진득이 기다리면 입안에 고이는 침

저절로 되어가는 일

세상사가 다 그래.

- ③「저절로 도리깨침」전문

 인용한 작품을 일독하면 쉽게 풍겨오는 것이 있다. 그 첫 번째가 모국어에 대한 남다른 애착이다. 거슬리는 한자투의 언어가 거의 없다. 그리고 "뇌다", "도리깨침"과 같은 우리말의 활용을 볼 때도 그의 모국어 사랑의 깊이는 신뢰할만한 수준이다. 그리고 그 두 번째가 자연과 인생을 교직해서 작품을 만들어내고 있다는 공통점이 있다. 작품 ①에서는 하늘과 시적화자가 대화를 하는 것 같기도 하고 그냥 '하늘'을 바라보며 혼자 독백을 하는 것 같기도 하다. 자신의 인생사를 하늘에 쓴다는 것은 가없는 하늘을 보며 자신의 삶을 되새겨 본다는 것이고 결국 그것은 성찰의 의미로 종결된다. 따라서 '한 하늘이 열린다'는 것은 반성적 성찰의 결과로 얻은 마음의 길이 열린다는 뜻으로 해석할 수 있을 것이다. 작품 ②는 "맑은 바람"에서 "고요"로 그 "고요"에서 "자신을 비우는 길" 그 결과로 개안開眼의 경지에 닿게 된다는 것이다. 작품 ③에서는 밤송이가 제 스스로 벌어져 떨어지는 자연의 이치를 강조한다. 결국 조급하게 서두르지 말고 인내하면서 매사를 순리대로 풀라는 것이다. 얼른 보면 자연을 노래하는 작품으로 보이지만 자연에 빗대어 인생을 얘기하고 있는 것이다. 그런데도 복잡한 세상사를 난해한 언어로 또는 복잡한 이미지로 노래하지 않아서 한결 부담 없고 가볍게 읽을 수 있다. 그가 자연과 인생을 분리할 수 없을 만큼 교직해서 작품을 쓰고 있고 그 또한 이 땅에 발 디디고 사는 이상 어쩔 수 없는 일이겠지만 순수하게 자연을 노래하는 경우도 적지 않다.

밤 깊고 달은 밝아
나 홀로 잠 못 이뤄

개구리 질긴 울음
빈 잔에 가득 담아

깊은 밤
거하게 한 잔
이 가슴을 달랜다.
― ④「잠 못 이루는 밤」 전문

명치끝 아린 것이 뭔 일이 날 것 같다

우수수 쏟아놓은 감똑의 세월 뒤에

가슴에

떫은 물들라

고요함에 젖는다.

끝까지 버텨야해 조금만 더 참아줘

까치가 날아와서 떫은 맛 가시걸랑

이때다

맘 풀어놓고

가슴 붉게 울어라.

- ⑤ 「떫음에 대하여」 전문

  작품 ④는 깊은 밤, 개구리는 울고 달은 밝아 개구리 울음을 잔에 담아 가슴을 달래는 시조다. 또 작품 ⑤는 감똑에서 홍시가 되는 과정까지 세밀하게 그린다. 이 두 작품에선 거의 사람이 개입되지 않는다. "거의"라고 표현한 것은 작품 ④에서 '가슴을 달랜다'라는 구절이 있어서이다. 그러나 ④에서도 "가슴"보다는 "달"과 "개구리" "울음"이 즉 그 풍경이 이 작품의 중심이다. 이런 작품뿐 아니라 이 시조집 대부분의 작품들은 제재를 자연에서 취하고 있다. 예를 들어보면 1부에서 「메아리」, 「산골 다도해」, 「산에 들에 풀과 나무」, 「홍시를 따며」, 「자락에 도는 봄빛」, 「만추」, 「한뎃잠 고집」, 「여름 한낮」, 「땅속 꿈」, 「꽃무릇」, 「어깨봉에 올라」

등이 있다. 이런 자연편중의 현상은 4부까지 이어진다.

그렇게 본다면 이 시인이 의도적으로 자연을 노래하는 것이 아닐까 하는 생각을 하게 된다. 포스트모더니즘의 깃발이 횡행하는 이 시대에 그는 자연을 순수하게 노래한다. 경우에 따라 자연을 빌어서 인생을 얘기하지만 대부분이 자연과 관계 지어진 것이다. 기법상으로 살피면 몇 가지 특징이 있다. 먼저 동시적童詩的 발상을 원용하고 있다는 점을 들 수 있다.

　　한때는 그랬었지 코딱지 파먹었지
　　그러면서 배웠지 인생의 짠맛들을
　　아직도
　　옛날 그리워
　　콧구멍을 후빈다.
　　　　　　　　　　　　－⑥「코딱지 그 맛」전문

　　담 넘어 너에게로/한 번은 가봐야 해
　　아직도 못다 풀은/너와의 아린 사연
　　기필코 넘어야겠어/ 안간힘을 써본다

　　담장에 그려놓은/수묵화 그림 한 폭
　　바람이 불어와서/날아가 버렸으니
　　담장에 쓸쓸함 가득/네 흔적만 남았네.
　　　　　　　　　　　　－⑦「담쟁이 담을 넘다」전문

동시조다. 일부러 이런 구분을 할 필요가 없지만 시조를 쓰는 그의 의도를 확인하기 위해서 골라본 것이다. "코딱지"나 "담쟁이"는 아이들에겐 흥미 있는 대상이다. 누구나 어릴 적에 코딱지로 장난을 치거나 한번쯤은 먹어본 경험이 있을 만큼 친숙한 것이고 "담쟁이" 역시 여름에는 진초록 색깔을 뽐내며 벽을 기어오르는 모습을 보고 신기해하던 식물이다. 이런 대상을 제목으로 해서 시조를 쓰는 것을 보면 그가 언어를 통해 삶을 즐겁게 하고 본인 스스로 긍정적인 세계관, 더 나아가서는 낙천적인 세계관을 가진 것이 아닌가 생각된다.

말없이 웃고 있는/내 고향 산에 핀 꽃
좀처럼 남의 눈에/띄지 않는 예쁜 산꽃
내 임은
산에서 살고
홀로 꽃을 피운다.

오늘도 꽃을 보러/내 고향 산에 간다
사랑의 발걸음에/놓이는 그리움들
향기는
산에서 나고
꽃은 활짝 웃는다.

- ⑧「산에 꽃」 전문

자연을 소재로 한 밝은 시조다. 자연이 추억의 무대가 되고 있다. 그 추억이 아련하고 아름다울 뿐 고통스럽게 그려져 있지 않다. 그리고 그 마음은 현재까지 이어져 있다. 그의 시세계에서 볼 수 있는 특징 중의 하나라고 생각된다.

자연을 제재로 하지 않은 작품에서 놀이의 성격을 드러내는 작품도 있다.

저마다 나름대로 한 말씀 하겠다고
끝까지 우겨대며 어울리기 어려운
말과 말 다치지 않게
사이시옷 끼운다.

낯모르던 사람들이 어느 날 인연되어
이제는 뗄 수 없이 한 몸으로 사는 인생
부부연 덧나지 않게
사이시옷 그 매력.

서로 다른 낱말들이 하나의 말이 될 때
자라 온 낯선 환경 남녀가 부부될 때
두 점이 걸친 경계에
사이시옷 긋는다.

- ⑨「사이시옷」전문

이 작품을 읽으면서 독자들은 그의 모국어 사랑이 깊다는 것을 다시 한 번 확인하게 된다. 이 작품 외에도 「괄호 안에 묶다」나 「말줄임표」 같은 작품이 있다. 「사이시옷」은 한글 맞춤법에서 사잇소리 현상이 나타났을 때 쓰는 "ㅅ"의 이름이다. 사이시옷은 순 우리말 또는 순 우리말과 한자어로 된 합성어 가운데 앞말이 모음으로 끝나거나 뒷말의 첫소리가 된소리로 나거나, 뒷말의 첫소리 'ㄴ', 'ㅁ' 앞에서 'ㄴ' 소리가 덧나거나 뒷말의 첫소리 모음 앞에서 'ㄴㄴ' 소리가 덧나는 것 따위에 받치어 적는다. 물론 위의 작품은 이런 문법을 설명하려는 것이 아니라 사이시옷의 조화를 해석해서 시화한 것이다. 그런 그의 작법이 익살스러워서 미소를 머금게 하고 시조를 놀이의 기법으로 쓰고 있다는 느낌도 갖게 한다.

모든 시조가 진중할 필요는 없다. 모든 시조가 세련되고 아름다운 말로 쓸 필요도 없다. 새로운 소재를 개척하고 새로운 내용으로 노래하는 것이 현대시조의 지평을 확장하는 것이라는 것은 자유시단의 김수영과 같은 시인을 통해 경험하지 않았는가. 특히 그가 "성性"이란 작품을 발표했을 때 우리 시의 통념을 일거에 짓밟으며 용감하게 진군하는 서늘하고 아름다운 감동을 느낀 적이 있지 않았는가. 어떤 실험도 창조적인 것이라면 아름다운 것이다. 예술에서 놀이의 기능은 대중성 확보에도 큰 도움이 된다.

마지막으로 그의 윤리관을 드러내는 작품을 한 편 얘기

하고 싶다.

> 아버지 펼쳐놓은/한 폭의 그늘 아래
>
> 뙤약볕 한여름이/슬며시 들어서면
>
> 어디서 불어온 바람/한시름을 놓는다.
>
> 땀 가신 나무그늘/쉰 값을 셈하려니
>
> 괜찮다 그만둬라/내젓는 아버지 손
>
> 어차피 드리운 그늘/우리들이 쉬면 그만.
>
> － ⑩「아버지의 그늘」전문

  가족에 관한 사랑을 보여주는 작품이다. "그늘"은 아버지의 은혜. 시적화자는 그런 아버지에 대한 감사를 표시하고 싶지만 아버지는 손을 내젓는다는 것이다. 어쩌면 그런 보상을 원치 않는 것으로 그려진 아버지는 이 세상에 안 계시는 분인지도 모른다. 조상의 음덕을 이렇게 표현하고 있는 것이다. 또「사매곡」이란 작품에서는 누나에 대한 사랑과 감사를 표시하고 있다.

시가 복잡하고 난삽해졌다. 과감하고 거친 언어들이 시 속에서 활발하게 움직인다. 이러한 현상은 우리 세상이 거칠고 난삽하고 복잡해졌다는 것을 의미한다. 시조는 이런 오늘을 리얼하게 담아낼 때 현대성을 확보할 수 있다. 그러나 이 복잡하고 난삽한 세상, 빛과 그늘이 동시에 번창하는 불균형의 세상에서 우리를 안정시키고 평안을 주는 시 또한 존재해야 하지 않을까. 나는 이런 가능성을 염두에 두고 이명식 시인의 작품을 전원시로 읽었다. 물론 그의 시조가 모두 이 범주에 드는 것은 아니다. 그러나 대부분이 그렇다. 사전적 해석으로 정의하면 전원생활이나 자연미를 소재로 한 시가 전원시이다. 저 진나라의 도연명이나 고려, 조선의 시인들의 작품들 속에서 전원시의 전형을 찾을 수 있다. 시조의 경우 퇴계의 도산12곡이나 윤선도의 오우가 등 전원시가 많고 현대시단에선 신석정 시인의 작품에서 그 계승의 향기를 감상할 수 있다. 그러나 전원시는 앞서 말한 치열한 현실을 담아 독자의 공감을 얻는 데에는 쉽지 않다. 그래서 오늘날 전원시 혹은 전원시인을 찾기는 싶지 않다.

　이명식 시인은 이점에 유의해서 나름의 변용을 꾀하고 있다. 그 변용 방법이 그의 시조의 특징이다. 그 세목을 다음과 같이 말할 수 있다. 첫 번째는 쉬운 시, 가락 있는 시를 써서 독자에게 편안하게 다가가려는 방법을 취하고 있다. 가독성을 높임과 동시에 운문의 특성을 강화시켜 시적 묘미를 전하고자 한다. 두 번째로 동시적 발상을 통해 순진

무구한 모습으로 대상을 노래해서 독자의 공감을 사고자 노력한다. 동시인이기도 한 이 시인에게 이런 방법은 대단히 자연스런 일이다. 세 번째로는 전통적 윤리관과 긍정적 세계관을 독자에게 전하려 한다. 세상은 급변하고 사람들은 불안 속에 헤매고 있다. 저성장의 지속과 실업사태, 그로 인한 사회계층의 갈등은 먹구름처럼 우리 주위를 둘러싸고 있다. 이런 때일수록 사람의 기본을 지키고 언행이 일치되는 삶을 산다는 것이 중요하다. 그의 가족사랑 특히 부모님에 대한 공경 등의 전통적 윤리관이야말로 흔들리는 우리 현실을 안정시키는 우리 마음의 주춧돌일 수밖에 없다.

그 외에 언어의 놀이로서의 시조 쓰기나 지혜가 담긴 아포리즘적인 시조, 자기 성찰의 시조 등을 통해 단순히 자연을 완상하고 찬미하는 것이 아니라 전통적 전원시의 한계 극복을 위한 노력을 보여주고 있다.

가을이 밀려오고 있다. 햇살은 따사롭고 공기는 맑고 나뭇잎은 물이 들었다. 냇물은 낮은 음정으로 스미어 흐른다. 나는 몇 권의 시집을 꺼내놓고 읽다가 다시 이명식 시인의 작품에 눈을 돌린다.

> 구석진 책장에서 책 한권 빼어내어
> 흩어진 닿소리를 홀소리에 얹어본다
> 비로소

꿈틀거리는

눈에 익은 글자들.

너무나 오랜 세월 부화를 꿈꾼 글자

애달픈 가슴에다 획 하나 그어본다

그제야

귀에 와 닿는

선인들의 한 말씀.

- ⑪「고서점에서」 전문

  고요하고 깊다. 그의 작품은 이렇게 소리 없이 흘러가는 가락으로 나타날 때도 있다. 자연을 노래하는 그의 시조들도 마찬가지다. 흥겹고 긍정적이지만 끝없는 회의와 부정 속에서 가려낸 표정들이다. 그러나 이명식 시인이 찾아내야 할 새로운 길은 그만의 길이어야 한다. 서정적이면서 전원적이고 낭만적인 시세계를 열어가면서도 현실의식 또는 시대의식을 망각하지 않는 시의 길이 그가 가야할 길이다. 그 길이 어쩌면 피폐한 현실을 치유하는 대안의 전원시로 독자들이 기다리고 있는 이 시대의 시조인지 모른다. 그의 다음 시조집을 기다린다.

이명식

충북옥천 출생, 한남대학교 대학원 문학예술학과졸업 / 『시조문학』『시와정신』『아동문예』 신인상 / 산림문화작품시공모 최우수, 전국공무원문예대전 우수, 독도사랑작품공모 최우수, 백광홍전국가사시조공모 대상, 한국문학신문공모 시조대상, 옥천군민대상 / 시조집 『풀꽃』 시집 『옥천장날』『개밥바라기』 동시집 『쇠똥냄새』 / 공저 『옥천의 마을유래』『옥천의 마을시』

아버지의 그늘

지은이 · 이명식
펴낸이 · 유재영
펴낸곳 · 동학사

1판 1쇄 · 2015년 12월 1일
출판등록 · 1987년 11월 27일 제10-149

주소 · 04083 서울 마포구 토정로53 (합정동)
전화 · 324-6130, 324-6131 | 팩스 · 324-6135
E-메일 | dhsbook@hanmail.net
홈페이지 | www.donghaksa.co.kr
www.green-home.co.kr

ⓒ 이명식, 2015

ISBN 978-89-7190-505-0 03810
※ 저자와의 협의에 의해 인지를 생략합니다.
※ 잘못된 책은 바꾸어 드립니다.
※ 이 책은 충북문화재단에서 발간비의 일부를 지원받았습니다.